AF279699

LUMINARIAS

(A la mujer y a la vida)

ExLibric

PACO ALBIAC

LUMINARIAS

(A la mujer y a la vida)

EXLIBRIC

ANTEQUERA 2024

LUMINARIAS (A LA MUJER Y A LA VIDA)
© Paco Albiac
Diseño de portada: Dpto. de Diseño Gráfico Exlibric

Iª edición

© ExLibric, 2024.

Editado por: ExLibric
c/ Cueva de Viera, 2, Local 3
Centro Negocios CADI
29200 Antequera (Málaga)
Teléfono: 952 70 60 04
Fax: 952 84 55 03
Correo electrónico: exlibric@exlibric.com
Internet: www.exlibric.com

ISBN: 979-13-87528-24-9
Depósito Legal: MA 2875-2024

Impresión: PODiPrint
Impreso en Andalucía – España

Nota de la editorial: ExLibric pertenece a Innovación y Cualificación S. L.

PACO ALBIAC

LUMINARIAS

(A la mujer y a la vida)

PLEGARIA

Tengo los ojos cubiertos
por la ceguera emprendida,
sin desearlo, cuando aún
brillaban las luces mojadas
de las húmedas lluvias verdes.

Respiro los alientos entrecortados
de los tempranos entusiasmos
que paliaban las esperas
en las prometedoras esquinas
adornadas de inciertos reflejos.

Dibujo sonrisas empobrecidas,
a cobijo del verbo inexistente
que traza las burdas instancias
de las manos y los cuerpos agostados
por mi ignorante vuelo malsano.

¡Ay, cantinelas! Implacables cantinelas,
que no cejáis en el empeño
de aletargar mis verdaderas urgencias,
que yacen yermas e irremediables,
vencidas, calladas, humilladas…

YO CREO

Yo creo en el renacer
de las osadas conciencias
prestas a enfrentar
las arraigadas suciedades,
que yacen inertes
en las almas empobrecidas.
Las que emponzoñan
los gritos de las vidas verdaderas,
las que reniegan de los falsos cobijos,
de las luctuosas cavernas ya caducas…

AURORA

Dulce y envejecida,
saludas a la vida
con tus sonrisas dibujadas
sobre la negra mantilla,
testimonio del falso pecado
en los pálidos misales de nácar
aherrojados con los rosarios
de acusadoras cuentas ajadas,
testigos de las mentiras,
del lóbrego pecado primigenio.
Al resonar de las ansiosas letanías
por las cansadas bóvedas marmóreas,
el indomable brillo
de tus vivos ojos inquietos
reverdece las distantes esperanzas
de las inviolables semillas.
Promesa de las nuevas luminarias,
de los niños valerosos,
de los hombres verdaderos,
de la mujer desvelada.

ALBORADA

Las insaciables luminarias
alzadas a las puertas del Edén,
guardianas de las inviolables verdades,
abominan del laberíntico macho doloso.
El carroñero miserable
adornado con su corona de barro,
enzarzada entre guirnaldas caducas,
irredento,
blande sus agostadas herrumbres
empapadas de inútiles falsedades.
Ella, la hacedora de semillas
indócil, rebelde y erguida,
acepta el néctar inagotable
de la eterna cornucopia.
Su nombre: Alborada,
dibuja las vidas de los niños,
hijos de las sierpes milenarias,
arropados por los rebozos de Sofía.

YO AMO

Amo las caricias del nuevo día
cuando se yergue pleno de promesas.
El aliento del urgente canto del gallo
que anuncia la eterna lucha
de la luz y las oscuridades.
La inevitable victoria de la vida
sobre las yermas entropías.
Amo los consuelos que amamantan
las dichas inalcanzables
en los pálidos días de invierno.
Las metálicas heridas luminosas
que arrullan las corrientes cristalinas
de las infantiles aguas sedientas.
Amo las mujeres valerosas
que desgranan invencibles las esperas
por las interminables encrucijadas.
Los hombres que deterioran
las obtusas ambigüedades
de los enfermizos paraísos.
Amo las noches diamantinas
que preceden el renacer de la inocencia,
del niño hombre nuevo.
Amo los reflejos que devuelven los espejos
de las sinceras sonrisas,
liberadas de los yugos de la culpa.
Yo creo, amo, la vida…

MUJER

Mujer, el invierno de los mustios tiempos
se desvanece vencido y agotado,
los grises del horizonte huyen,
las verdes brisas cabalgan
a lomos del corcel orgulloso,
heraldo de la ansiada primavera.
Las sospechas carentes de inútiles semillas
se agostan marchitas
en el estéril páramo;
ya no cobija las huecas hiedras
que coronaban tus destinos.
Mujer, tus labios, antes resecos,
ensalzan tus indomables palabras,
que se alzaron firmes y bravías
frente a los broncos patíbulos,
enarbolando las acusadoras banderas
de las ideas y las miradas
de los necios amancebados.
Yo, y los hombres que te aman como eres,
incansable, valiente,
y los niños que demandan
tus sabias caricias,
tu alma desnuda,
tejemos admirados esta humilde oda:
mujer, hacedora de los fértiles destinos,
ante ti, los tiempos se detienen complacidos

por tus indomables batallas vencedoras
del falso hombre instituido
a las puertas del lóbrego paraíso.

El silencio

El indiferente atardecer,
que vestido con los ropajes
de polvorientos rojos ensangrentados,
abarca las soledades
de los humillados lamentos
de los parias obligados,
y acepta las angélicas sinfonías
de los sombríos Narnas imperiales,
cegadores de las pacíficas miradas
que profieren sumisas las inocencias
mecidas en los agostados regazos
de los estériles vientres abandonados.
Los arábigos frescos verdores
se ocultan mustios, doblegados,
en la acorralada alba desierta
de la noche inmisericorde,
adornada de urgentes profecías.
El atardecer indiferente
y la maligna noche oscurecida
ocultan las luminarias,
que claman en vano a las alturas,
mudas, empañadas…

YO QUIERO

Quiero al hombre y a la mujer,
desnuda el alma,
sus corazones heridos
por los destinos iguales.

Quiero los estrellados mantos
llenos de pacíficas frescuras
que cobijen sin dudar
a todas las inocencias.

Quiero las conciencias mancilladas
por sus embrutecidas rencillas,
disipadas de mis floridos prados,
agostadas, enclaustradas, ignoradas.

Quiero las quimeras injustamente prometidas,
eclipsadas por la sonrisa nueva,
dibujada por las madres renacidas,
amadas por la sierpe del Edén.

Quiero que lo eterno, ya caduco,
abandone el ciclo inevitable
de las luces y las sombras pendencieras,
despierto, renovado, sin recelos.

SOY

Los inquietos poemas
que desmenuzan mis intenciones
definen lo que comprendo y aborrezco,
mis compromisos y negaciones.

Las palabras que dibujo
como notas musicales huérfanas de armonías,
sin embargo, entonan y cantan
mis gozos sin grises intermediarios.

Lo que soy se desparrama sin esperas,
libre de contriciones imponentes,
como los besos reverdecidos
de las primaveras de mi tierra,
de los rostros teñidos de rubor.

Mi naturaleza, muchas veces indefinida,
reclama las recompensas hacinadas
en los femeninos corazones,
los roces de los alientos maternales,
por tanto tiempo desahuciados.

Mis ojos buscan sedientos
las fluidas miradas ignorantes
de las muertes acontecidas,
las lágrimas merecidas
de las ausencias paternales.

Vivo sin condiciones los caminos horadados
por mis manos ansiosas,
las idílicas esperas perfumadas
de las mieles inacabadas
de los besos concertados.

Mis culpas son las culpas aguardadas
de los infantiles imaginarios;
mis luchas son las vencedoras
en las calenturientas batallas
de las áridas caricias.

Vivo las aperturas a las entradas prohibidas,
a los sueños engastados
de soledades deseadas,
tapizadas de infinitos encuentros,
agrietados de irredentas cicatrices.

Soy el polvoriento recuerdo
de las vulnerables noches transcurridas
a lomos del ángel irredento,
testigo presuroso de sudorosas malicias.

El andariego extraviado
que se oculta
en las verdes malezas que bordean
los huidizos horizontes
de la culpa.

El alma espectadora
de mis humanas inquietudes,
que se aprestan indiferentes
hacia los destinos sugeridos
por mi insumiso corazón.

Soy… humano.

DE LA MUJER

La mujer que yo deseo
es el símbolo viviente
de las deseadas victorias,
que sojuzgan inevitables
al imponente macho cabrío.

Yo quiero a la mujer
que ostenta los propósitos fieros
de librar las justas batallas,
que velan los vacíos espejos
de las maniqueas hombrías caducadas.

La mujer, la de mi tierra,
borda coloridas banderas
de dorados rojos morados,
al calor de las cumbres nevadas,
sin miedo a las negras levitas.

Las mujeres que amo son
olímpicas deidades cotidianas,
amantes de los paraísos perdidos,
carentes de frutas envenenadas
por masculinos dioses indefensos,
ocultos tras las zarzas incendiadas.

Mujeres, despertad las semillas renacidas,
componed los armónicos candentes,
que desaten las imparables mareas
de los lívidos corazones,
uncidos a los inviolables vientres.

CANCIÓN

ROMANCE DE LUNA

A la orillita del río
se besaban los amantes,
mientras la luna de enero
cuajó de plata sus semblantes.

Él le pidió ser amado
a cambio de su destino;
la niña de miel y almendra
le hirió con púas de espino.

La niña se tapa la cara
con los velos transparentes,
la luna borda la pena
de sus besos impacientes.

La luna celosa los mira
y le suspira al amante,
mientras la niña morena,
cantando, el corazón le parte.

Muere que muere por ti,
muere por tus ojos pardos,
por tenerte entre sus brazos
muere que muere,
muere que muere…
mora por ti.

REQUIEBRO

Para qué quiero lo deseado,
o esperar la calidez de los silencios,
si las notas que frecuentan
mi corazón enamorado
no arraigan ni abrazan las semillas,
que esparcen las carencias
que surcan enjaezadas
con tus distantes abalorios
mi universo y el tuyo.
Ilusionado, proclamo silencioso
los empecinados desatinos,
mis ansias enmarcadas
por tus rígidas promesas,
mis noches y sus vigilias,
que dibujan en mi memoria
tus irredentos abrazos,
tus besos a la deriva,
a los suaves horizontes
que entonan las distancias
que separan tus manos de las mías.
Para qué quiero lo hallado,
si mis despertares están vacíos,
y tus ojos y mis ideas
vagan por tus inciertas miradas
en tu mar caduco.
Deja que abrace calmado

lo que ya no puedes darme;
ofréceme el olvido
que arropa tus ignorancias;
interpreta los recuerdos
de las solitarias madrugadas,
de las noches que fuiste mía.

Agua de vida

¿A qué sabe la vida?
¿A qué sabe la vida
de los que, como yo,
decimos no a las negaciones
que vomita el cancerbero,
el que devora las luminarias
que resuenan incansables
desde el alba ilusionada?
¿A qué sabe la vida
de las mujeres inflexibles,
las que liberan los sentimientos
que interpretan las batallas
y arrinconan las balanzas
de polvo y oscuridades?
¿A qué sabe la vida
de los niños renacidos
de las cenizas holladas
por los rancios emisarios obsoletos?
La vida nueva por vivir
sabe a inmensos prados dorados,
a deidades encarnadas, luminosas,
a justicias amamantadas
por las incansables fierezas
de las madres maltratadas,
de los hombres retornados,
de los niños amparados
por la inevitable nueva vida.

42

A MI MADRE

Sentada a la vera
de la recogida ventana,
testigo de las pasadas secuencias
transcurridas por primavera,
las noches y atardeceres
desfilan cariñosas para ella.

Asomada al eterno ventanal,
adornado de hiedras y zarzales,
no necesita suspiros;
sus lágrimas evaporadas
mecen los inacabables alientos
de aquellos amores sedientos.

Los que rasgaron impacientes
las batallas vencedoras
de los abandonos, los rumores
y las heladas culpas impostoras,
que agostaron las soledades
de sus noches extranjeras.

La ventana amiga de los recuerdos
le cuenta historias sucedidas
de manos que acarician,
de corazones aquietados,
de poemas que proclaman
las tardías verdades comprendidas.

MIS VERSOS

Estos versos trastornados
que dejo sobre el papel
son los despiadados requiebros
que reclaman mis ideas,
las públicas advertencias
a los vandálicos deseos alzados
sobre el furioso ocaso
de las vidas mutiladas,
tributo a las ingentes deidades
de las hordas altaneras.

Mis urgentes versos
despiertan antes del alba,
fabrican llantos prematuros
e imploran tras los decorados
de los múltiples escenarios,
donde planean las ebrias legiones,
ejércitos de renuentes corifeos
que reclaman a las alturas
obtusas comuniones dionisiacas.

Mis armas son las palabras,
melódicos bocetos que dibujo
al calor de lo que sienten
mis tensas manos impotentes,
que sueñan a la espera

de las proféticas conclusiones,
de los impacientes nacimientos
de las sonrisas nuevas,
huérfanas de malsanas ataduras.

Mis palabras no son versos,
no son símbolos escritos,
ni histriónicas banalidades
que reclaman en vano
vestidas de complicidades.
Son miradas de frente
a los inmisericordes tiempos,
a los sagrados bípedos altivos,
a los estandartes polvorientos.

POEMA INACABADO

(A Mercedes)

Tus silencios enmudecen arrullados
por las notas cantarinas
de las risas desgajadas
de tus inquietos ojos tristes.

La urgente corriente de tus deseos
cabalga ajena a los recuerdos
de los rencores que florecen
en las calladas orillas traicioneras.

Doblegada, añoras los días mundanos,
que plantaron las tímidas caricias,
cobijadas por las frías inocencias
a la espera de las preguntas sin respuestas.

BASTA

Mi tierra es el escenario
de los corazones que viven
agrietados por los tópicos festeros,
y, sin embargo, seduce indiferente
al viajero obsesionado sin remedio
con los sones de las amargas panderetas.

La calidez donde nace mi tierra
festeja las mezquinas orgías
de las derrotas del cuadrúpedo
inquilino del laberíntico Minos,
que pelea contra el paño rojigualda
jaleado por los barbáricos circenses.

Mi tierra es el omega agostado,
que se alumbra con los falsos neones
que ensordecen las luces verdaderas,
los cantares y los rezos africanos,
cobijados por las frescas aguas
de las recogidas blancas juderías.

Mi tierra es la tierra de las mujeres
que se adornan con jazmines erguidos,
sin miedo al claustrofóbico poderío
de los que sirven al jurista enlutado,
los que nutren el odio contaminado
a la serena evidencia del cerebro femenino.

El hombre nuevo, sin rubor, se alza
en las calles de mi tierra y abraza
el fruto oscuro de la mujer que rechaza
al triste fauno de mirada ensordecida,
ahíto de su sangrienta hombría.
La mujer y el hombre de mi tierra
gritan: «¡Basta!».

LA ESPERA (GÉNESIS)

Aguardo paciente el relato
de mi anunciado drama
tintado con tonos agridulces;
el escenario se muestra tímido,
vestido de aterciopelados ropajes,
apenas clareado por las luces.
La ilusión reclama su comienzo,
una comparsa de ojos empañados,
quiere parecer el necio protagonista
de una comedia inconclusa.
Silencio, el guion va a empezar…
La estancia oscurece el escenario,
irrumpe un ángel del exterminio,
indiferente, desanda los caminos hollados,
tapizados de alfombras ensangrentadas;
las náyades y nereidas abandonan sus orillas,
los sabios milenarios narran las melodías
que dibujan mis frustrados encuentros
en las esquinas cruzadas de los tiempos
a la espera de las búsquedas divinas.
La escena ahora desaparece,
devorada por un dragón dorado,
y un niño orgulloso de sus harapos,
sonriente, se sienta en mi camino;
juntos, aguardamos lo imposible:
el mutis obligado del dios asesinado,

al pie de la Corintia colina.
Resignado, acepto, agradecido y confiado,
el epílogo inevitable del drama consumado.

ELEGÍA

No dejes que la niña duerma,
cómplice de las huidas
y evidencias dibujadas
al compás de los martillos,
con los férreos soniquetes
de las culpas rechazadas.

No le susurres al corazón
los cantos enmascarados
que cabalgan enjaezados
de nebulosas plegarias,
entonadas a destiempo
en las cruciformes celosías.

No empañes la mirada
de sus eternos ojos alados;
déjala que vuele libre,
errante, sin fronteras,
amante de sus dolores,
hacedora de las semillas
del sabio árbol umbrío.

EL LLANTO DEL POETA

(A todos los niños asesinados)

El poeta, el bardo desencantado,
emisario inevitable de las almas interrumpidas,
dejó el papel y lloró enmudecido
por las blancas miradas y sonrisas.

El poeta clamó su radiante odio
a la búsqueda de la solitaria estrella
que se yergue indiferente en el desgajado podio,
yacente sobre los pilares de un profeta.

El poeta reniega de la poesía avergonzado,
ya no desea las complacientes alabanzas,
ni implora en sus sueños al unicornio
inquilino de las mágicas arboledas.

Ahora, el poeta rumia escritos cenicientos
a la luz de las flamígeras heridas nocturnas,
que desafían impacientes en nombre del absurdo
las infantiles agostadas frescuras.

El poeta desanda triste lo emprendido,
deja a un lado la pluma y su garganta;
impotente, sonríe a las sutiles muecas del imperio
y finaliza, incapaz de atravesar sus cenagosas brumas.

MEMORIAS DEL EXILIO

(A Lupe)

Yo sé, porque me susurraste,
que desde el nacimiento
de tu lejana andadura,
supiste apurar valiente
la copa rebosante
vestida de interminable cáliz,
que cobijaba enmudecido
el intenso manantial
que ungía tus infantiles labios
con las febriles gotas
de sus incesantes amarguras.
De tus confidencias aprendí
a nombrar sin dobleces
lo inútilmente humano,
y me enseñaste a desafiar,
sin dudas ni rechazos,
las necesarias heridas,
infligidas por las caprichosas urgencias
de los inevitables absurdos,
que tapizan los senderos
que transitan por las vidas
de nosotros:
los Sísifos condenados.
De ti aprendí a comprender

la razón de mis distancias;
como tú, dibujé
con firmes trazos amables
la veracidad de los destinos;
juntos, transitamos calmados
los pedregosos inviernos
y las calenturientas jornadas
de las tierras extranjeras.
Hoy, recuerdo tu partida,
rememoro la sonrisa
que dibujaste distante,
como un adiós infalible
prendado de promesas,
portadora de tus fieras
batallas emprendidas.
Por ello, hoy te recuerdo,
escribo los sentimientos
y las miradas sucedidas,
cuando al arropo de las tardes
y los nebulosos amaneceres.
Tú hablabas tenuemente,
y yo, escuchaba…

Fue en mayo

¿Cuál hubiera sido el advenimiento
de los tiempos plenos?
¿Cómo debieron dibujarse
las respuestas sin interrogantes?
¿Por qué las preguntas devienen
en inertes obsolescencias?
En un mundo diluido
en estas ciénagas perpetuas,
las almas que tejen realidades
no necesitan los diálogos sin cuerpo
que emiten las voces libertinas
de los infames trovadores,
transmutados en bufones adoptados.
Los que reniegan del océano infinito,
los que venden las flores marchitas
de los amos compradores de deseos.
Los que derraman indiferentes
el manantial de soledades
que nunca llega a los mares.
¿Fueron baldías las generosas lluvias
de la primavera de mayo?
¿Quedó la joven savia ilusionada
aquietada por los pétreos mercaderes?
¿Debería el poder haber sido
ofrendado a la imaginación callejera?
Los poderosos compraron el tiempo

de las humanas conciencias combativas,
los mercaderes del templo violado
acuñaron las monedas generosas,
y las incendiadas noches luminosas
se vistieron de luto polvoriento.
Hoy, recuerdo con mi sonrisa calmada
lo que no fue y pudo haber sido.
En mayo… aquella ilusionada primavera.

DIÁLOGO DE MADRUGADA

Desvelado, a oscuras en mi habitación,
me llegan a la memoria
trazos apenas construidos
de soleadas mañanas perladas
por el fiel madrugador rocío,
y me enamoro de nuevo
de los irreductibles sabores
que anidan en el corazón
de los dulces recuerdos de mi vivir:
¡Soy libre!
Amo la música,
los pensamientos escritos
por las almas libres,
los cuerpos femeninos
húmedos de salobres sudores,
los labios que besan
tímidos, sin tapujos,
que dibujan sonrisas y desagrados,
las manos que investigan
vivaces y nerviosas,
los ocultos secretos
de mi impaciente cuerpo.
Muero de felicidad
ante las frescas promesas
de las profundas miradas
que insinúan sus mieles pasajeras…

A oscuras, con la madrugada,
el sonido de lo vivido se adormila,
arropado por la dulce calidez
de los tiempos transcurridos;
dejo que mis sentidos se acojan
al maternal abrazo deseado,
y me entrego, fiel y agradecido,
al suave regazo del sueño.

74

EPÍLOGO

(En Sevilla)

Cada mañana salgo a pasear
camino de los escenarios familiares,
degusto agradecido
los olores de mi infancia,
testifico sin reservas
el incansable alboroto
de las oscuras aves del poeta,
intuyo complacido
las mágicas frecuencias,
y hago un alto en las plazuelas,
donde, feliz en mi ignorancia,
jugaba a ser libre,
donde las indeseadas carencias
iban y venían sin tocarme.
Distante, cual espectador desapegado,
reconocí al indefenso soñador
que perseguía quimeras impensables,
incapaz de arribar a puertos seguros,
juntos emprendimos
sus trastornados peregrinajes,
sufrí de nuevo sus sufrimientos
y suspiré aliviado sus consuelos.
Mi yo niño

me pintó incontables escenas
de mágicas ilusiones,
en las que sucedían aventuras
bañadas por luces de primaveras,
de azúcares, golosinas y friturillas.
El niño se mostró ya crecido,
me habló de caricias ardientes,
de sudores femeninos,
de llantos, pero de más sonrisas
y deseos cumplidos.
El personaje hombre irrumpió,
acarreando derrotas y sinsabores
de locos sentimientos atraídos
por las eléctricas vorágines
de los químicos deseos desechados.
Comprendí que la espera es la falacia
que los dioses nos regalan,
que el cordero y el león
conforman los férreos eslabones
que nos fijan a la caverna…
He aprendido a aceptar
sin doblegarme.
Sé que el círculo ha concluido,
que los tiempos se han encontrado
a la espera del comienzo.
En mi plazoleta,
recién amanecida la mañana,
respiro, vivo y sueño,

espero el final tranquilo,
sosegado, sin prisas,
sabiéndome a salvo
entre mi gente,
en mi Sevilla…

A la memoria de Ana Orantes

No voy a llorar
ni a clamar al infinito,
ni siquiera esparciré
rojos pétalos de rosas
que tapicen las conciencias,
o asienten sus tristezas
sobre inútiles silencios resignados.
Mi garganta y mi pluma
cantarán furiosas batallas
sin rezos ni elegías,
serán incansables combates
hacia las cómplices miserias
de los tibios y los brutales
que revuelvan y despierten
a los muertos y los vivos
contra los sufrimientos ensangrentados
de las mujeres liberadas.

A TI, MUJER

Hoy, he empuñado la pluma
para definir sin rubor
las enfermizas soledades
de aquellos que, ateridos,
no lamentan las pobrezas
de sus fatuos corazones.

Son los mansos eslabones
que enlazan sus largas cadenas
de las lúcidas ideas
a las lóbregas cavernas,
donde hierven enquistadas
sus proféticas violencias.

Son los tristes emisarios
de los reinos tenebrosos
que proclaman sin decoro
las hiladas carencias
y los extremos pecados
de la mujer liberada.

Estos faunos decadentes
abominan de las fértiles caricias
que adornan las inocencias
de las herméticas nostalgias
que derraman generosas
las miradas femeninas.

Por ello, quiero declarar
mis rendidos sentimientos,
que proclaman sin ambages
hacia las mujeres todas,
legítimas herederas
de las llaves del prometido Edén.

SECUENCIAS

Hay un mágico rincón
recogido humildemente
entre los recatados lugares
que habita mi corazón.

Una esquina donde los sentimientos
no enfrentan mis realidades,
son las verdaderas victorias
del otro, el que me solicita.

El que me consuela a la llegada
de las horas turbulentas,
los hilos emponzoñados
que destilan obtusas imposiciones.

Él desmenuza las situaciones
y separa las sequedades
de los compasivos monólogos,
que refrescan mi yo inerte.

Al correr de las secuencias
que deciden mi vida,
interpreto las intensas melodías
huérfanas de palabras.

Aquel que moldea
las ambiguas tragedias
que decoran mis manos ajadas,
cuando emprenden las luchas irredentas.

Los orígenes de mi alma
gritan, a veces cantan,
a la búsqueda de las magias
de los limpios manantiales.

Mi corazón, mis ojos y sus miradas
comprenden, aman
las secuencias imaginadas
por mis dolientes cuencas vacías.

Y al correr de las frecuencias,
que moldean mi vida,
interpreto las intensas melodías
huérfanas de palabras.

Mi angustiada dualidad exhala compasiva
la suave brisa que desvela
las olímpicas aperturas que defienden
el prometido páramo prístino.

Hoy, apenas indiferente,
contemplo arraigado el abismo nebuloso,
deseoso de alzar el liberador vuelo,
detenido por mis ilusorios silencios.

CERTEZAS

Los poemas que gusto escribir
son las urgentes necesidades
que establecen los desafíos
que alimentan mis ideas,
mis enérgicos sentidos,
mi insaciable corazón.
Como las ambiguas miradas
de las musas despechadas,
las dádivas carentes
de las amantes enamoradas.
Los versos en mi papel
sin métrica ni concierto
son demandas denegadas
por mi cerebro cansado.
Mis vacilantes escrituras
despiertan inesperadas
como un renacer anunciado
y navegan indiferentes
hacia los campos de juncos
del Estigia africano,
morada de la balanza
que decide la ligereza
de lo que pienso y escribo.

Estos versos verdaderos
miden lo que yo soy,
amante, indudable, sincero…

Índice

Plegaria 9

Yo creo...11

Aurora..13

Alborada...15

Yo amo..17

Mujer 19

El silencio..23

Yo quiero..25

Soy 27

De la mujer 31

Canción. Romance de luna..35

Requiebro 37

Agua de vida..41

A mi madre 43

Mis versos..45

Poema inacabado 49

Basta...51

La espera (génesis)...55

Elegía 59

El llanto del poeta..61

Memorias del exilio 63

Fue en mayo...67

Diálogo de madrugada 71

Epílogo...75

A la memoria de Ana Orantes 79

A ti, mujer 81

Secuencias 85

Certezas..87